waterwoods

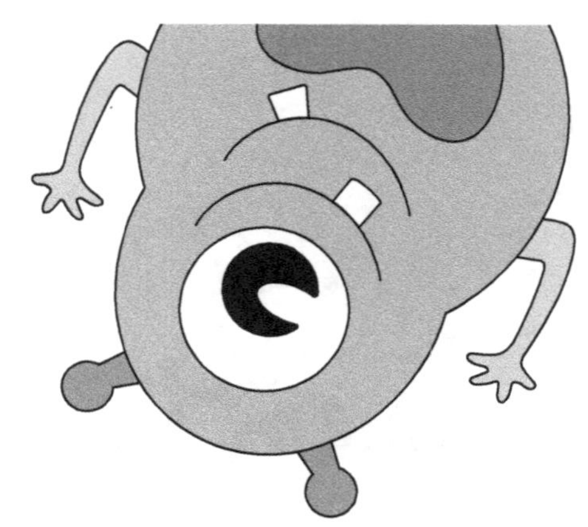

Belongs to:

Welcome

to How To Draw world

waterwoods
School

Waterwoods Media is a brand name of Scroppkr LLC, represents multiple series of creative coloring books.

Copyright © 2020 by Scroppkr LLC

For requirements to apply for permission to reuse the copyright material in this publication please send an email to scroppkr@gmail.com.

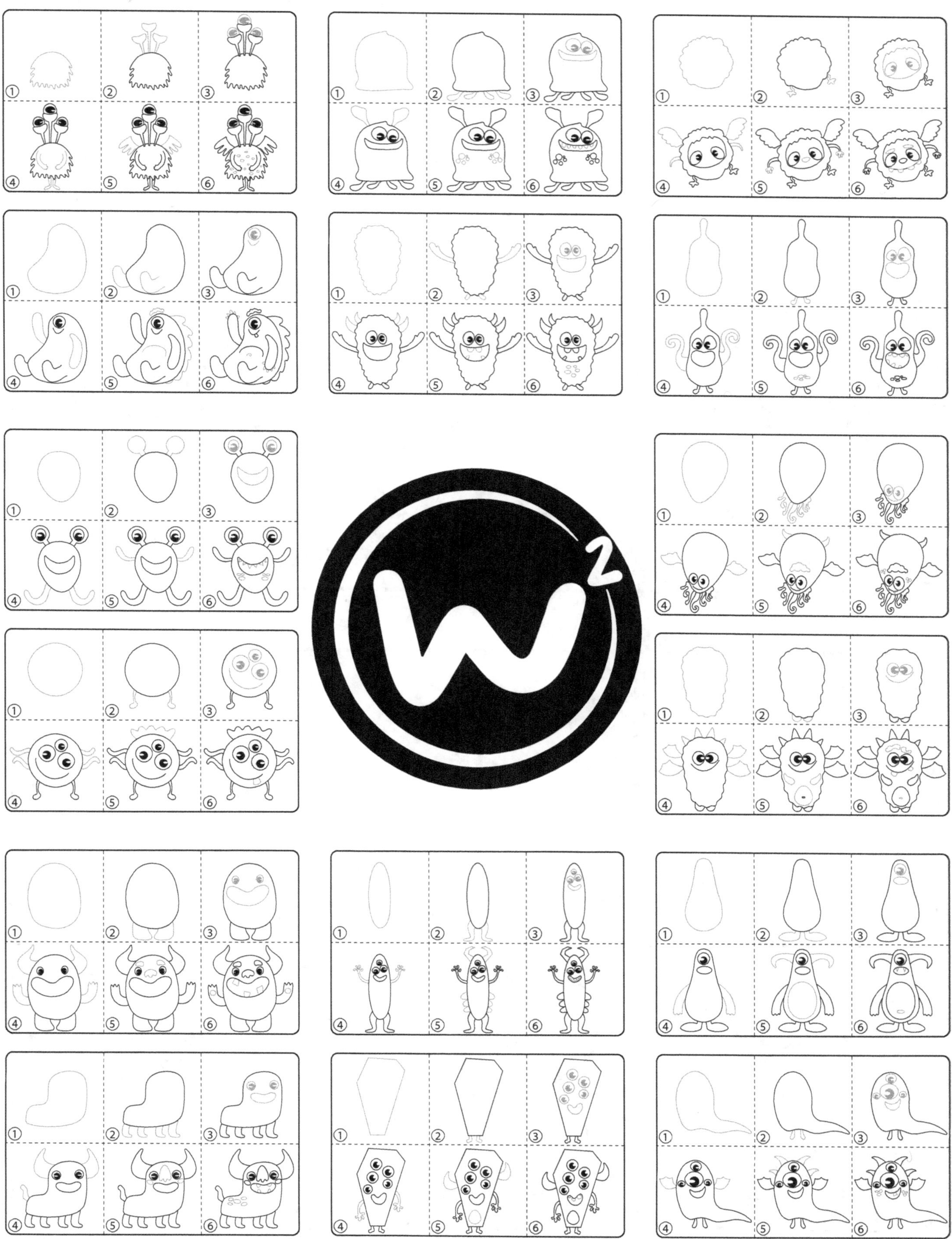

It's Your Turn

It's Your Turn 

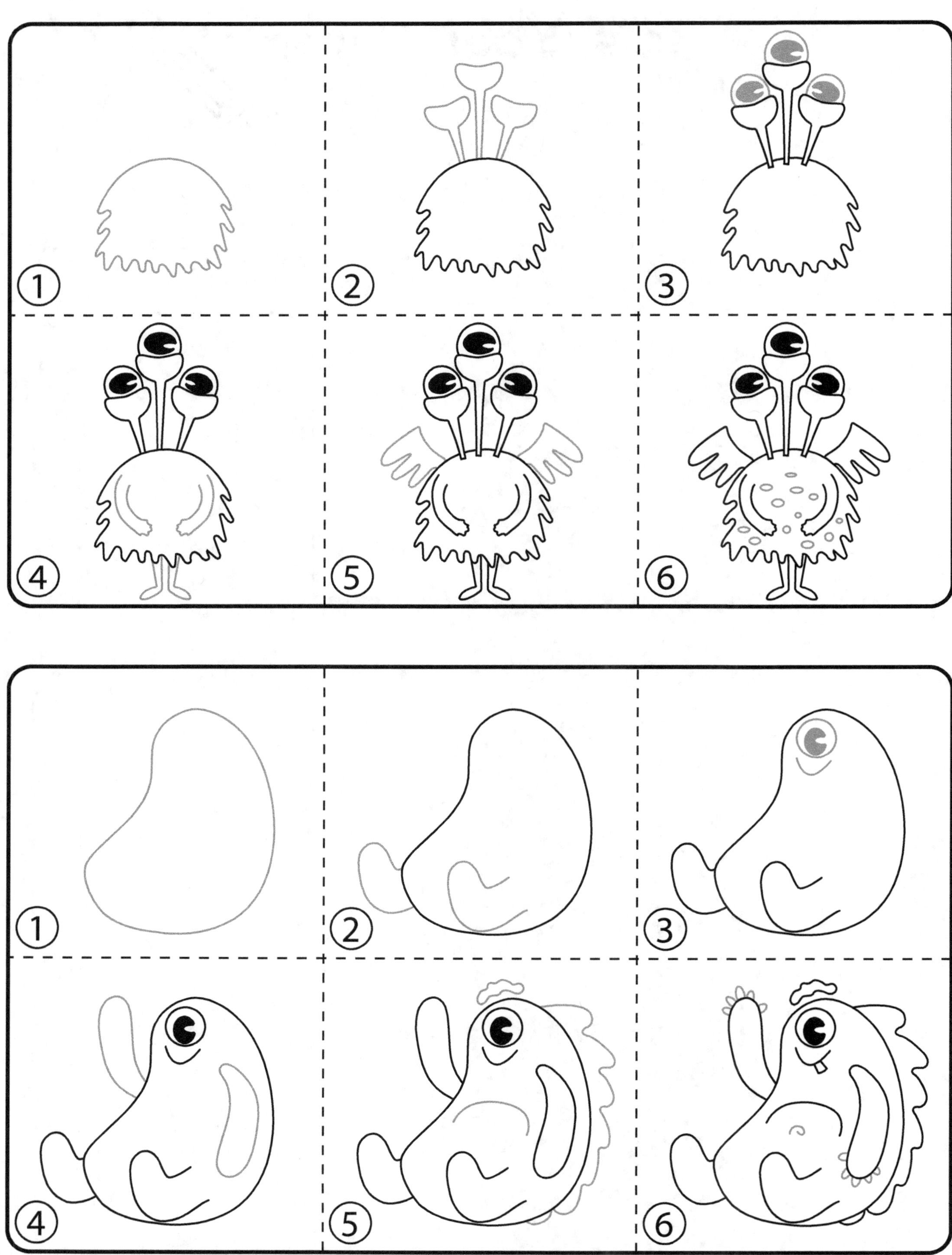

It's Your Turn

It's Your Turn

It's Your Turn 

It's Your Turn

It's Your Turn

It's Your Turn 

It's Your Turn 

It's Your Turn

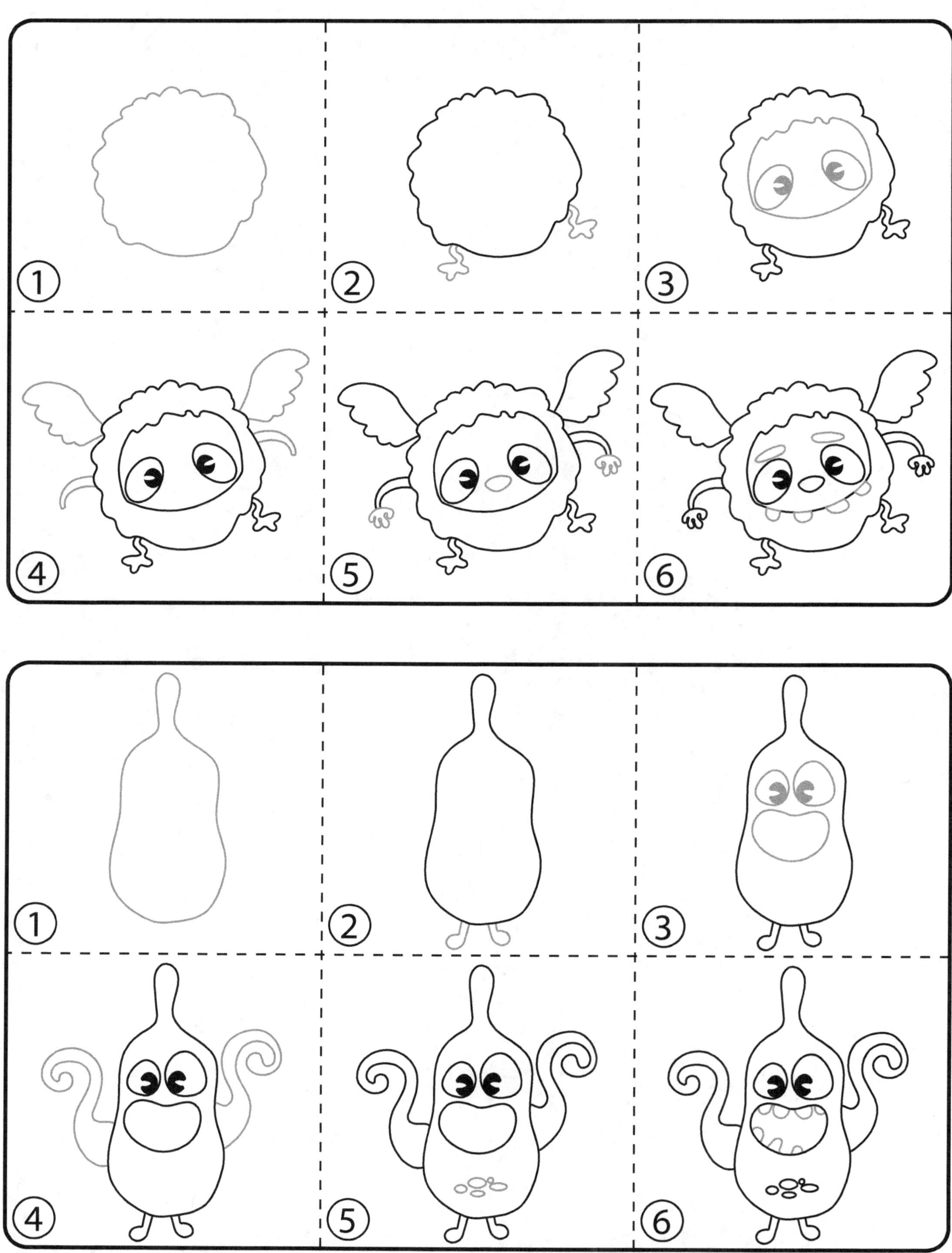

It's Your Turn 

It's Your Turn

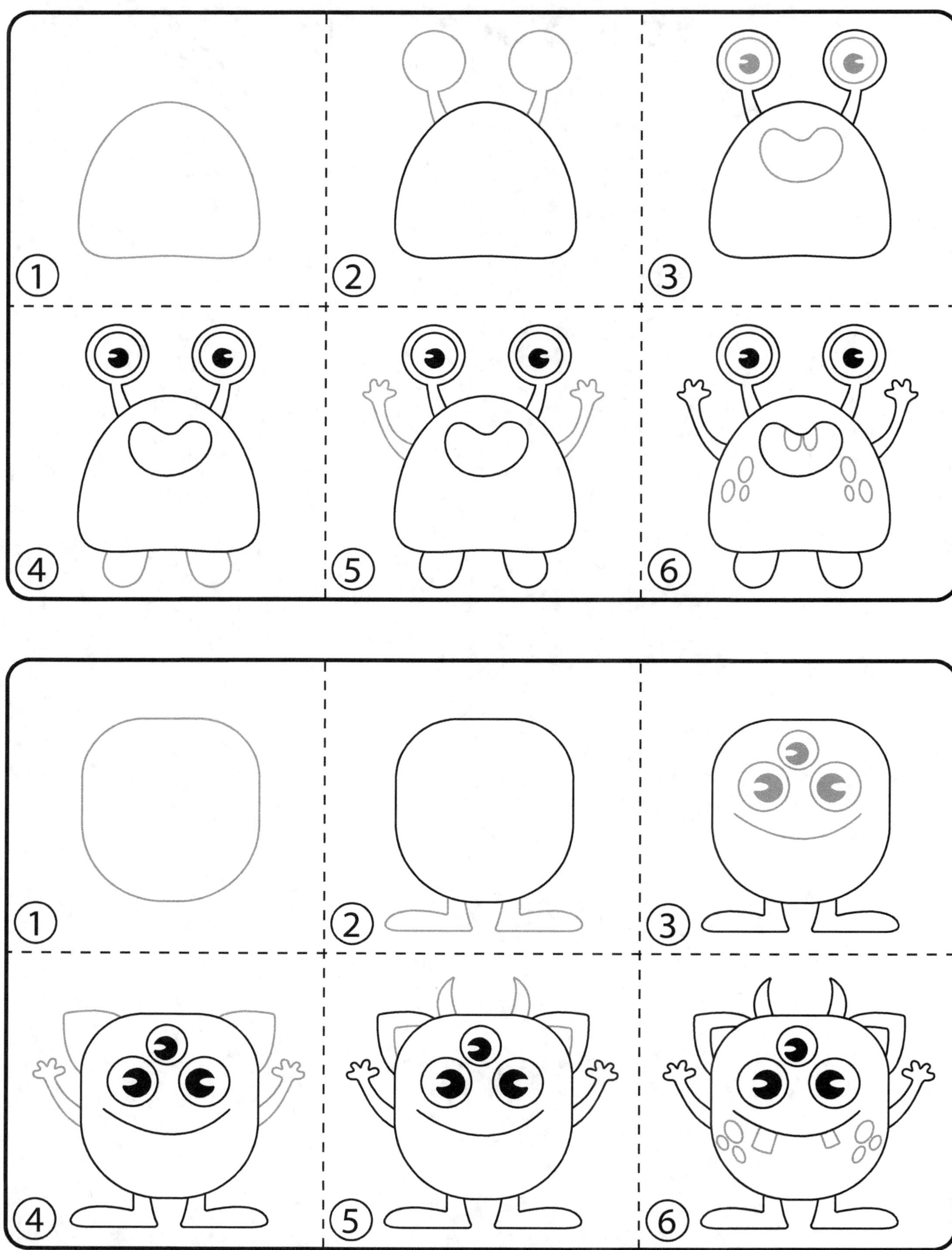

It's Your Turn

It's Your Turn

It's Your Turn

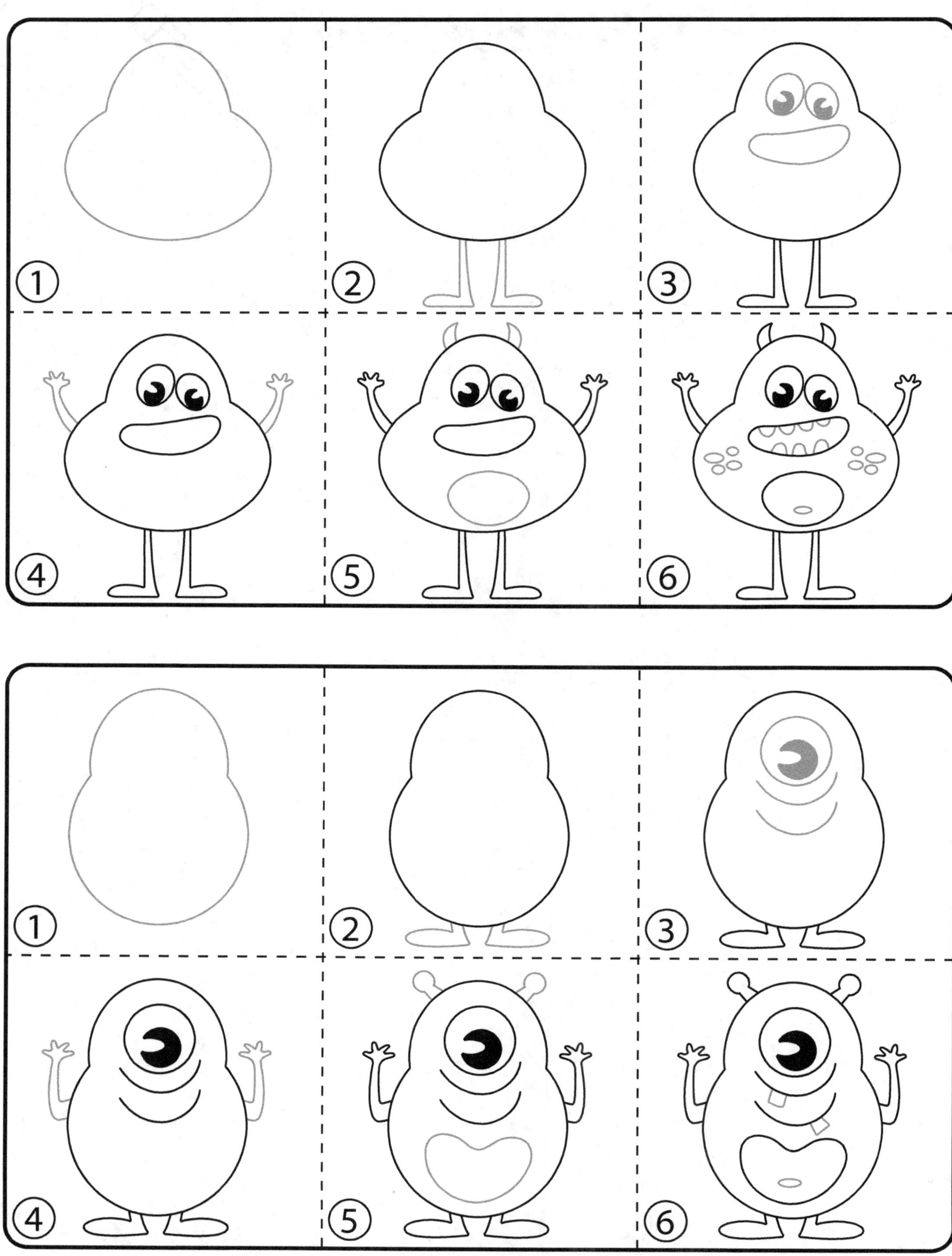

It's Your Turn

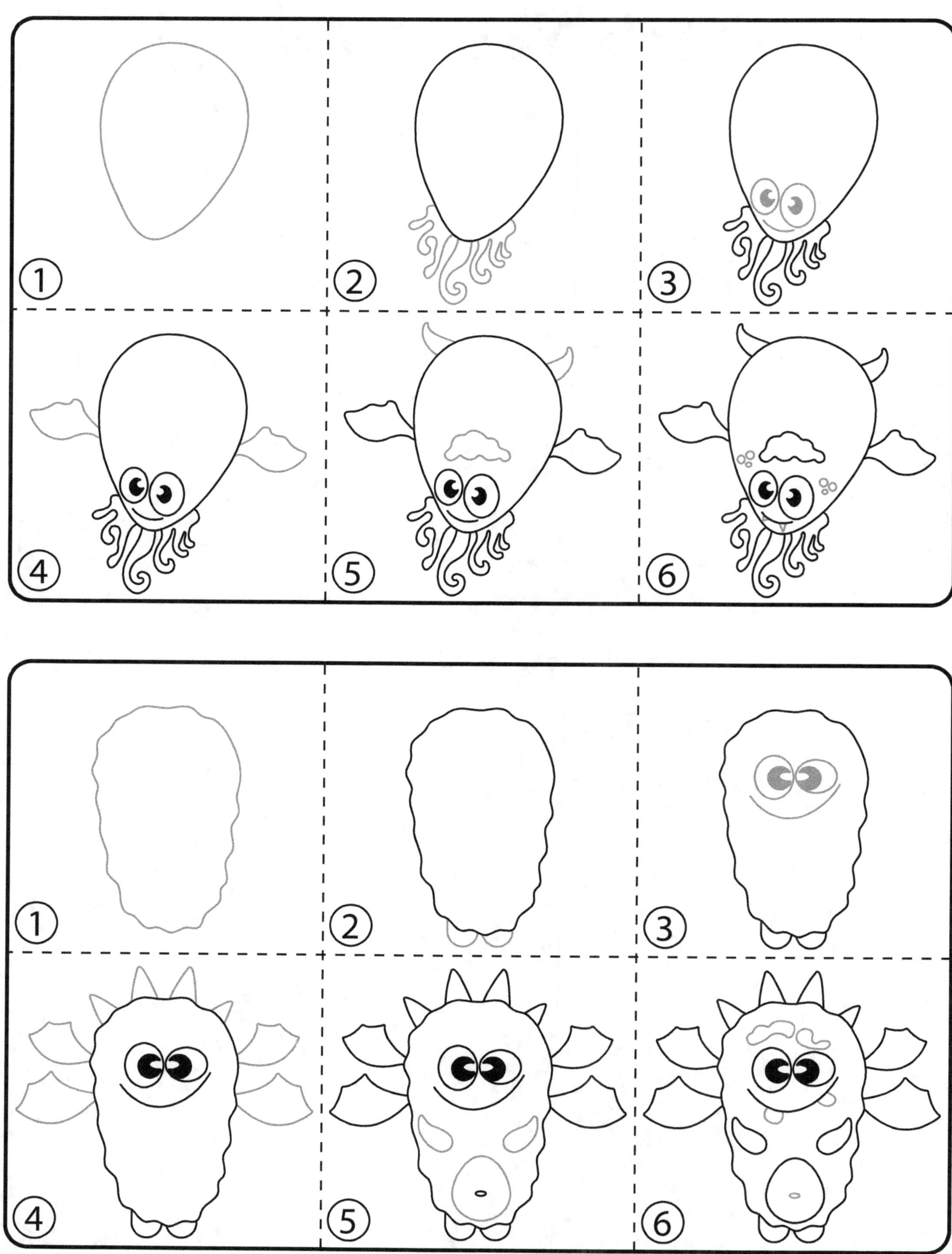

It's Your Turn 

It's Your Turn

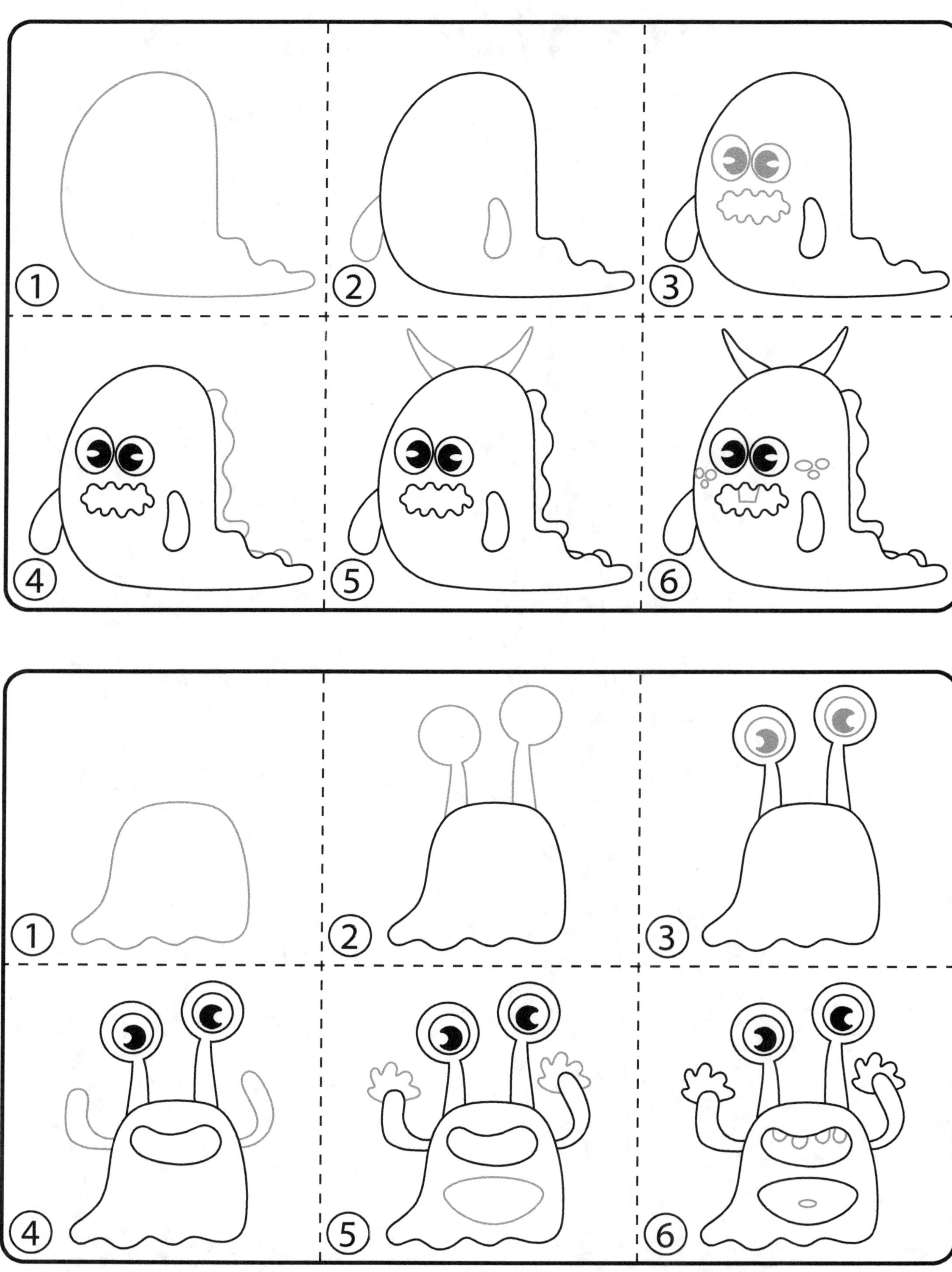

It's Your Turn 

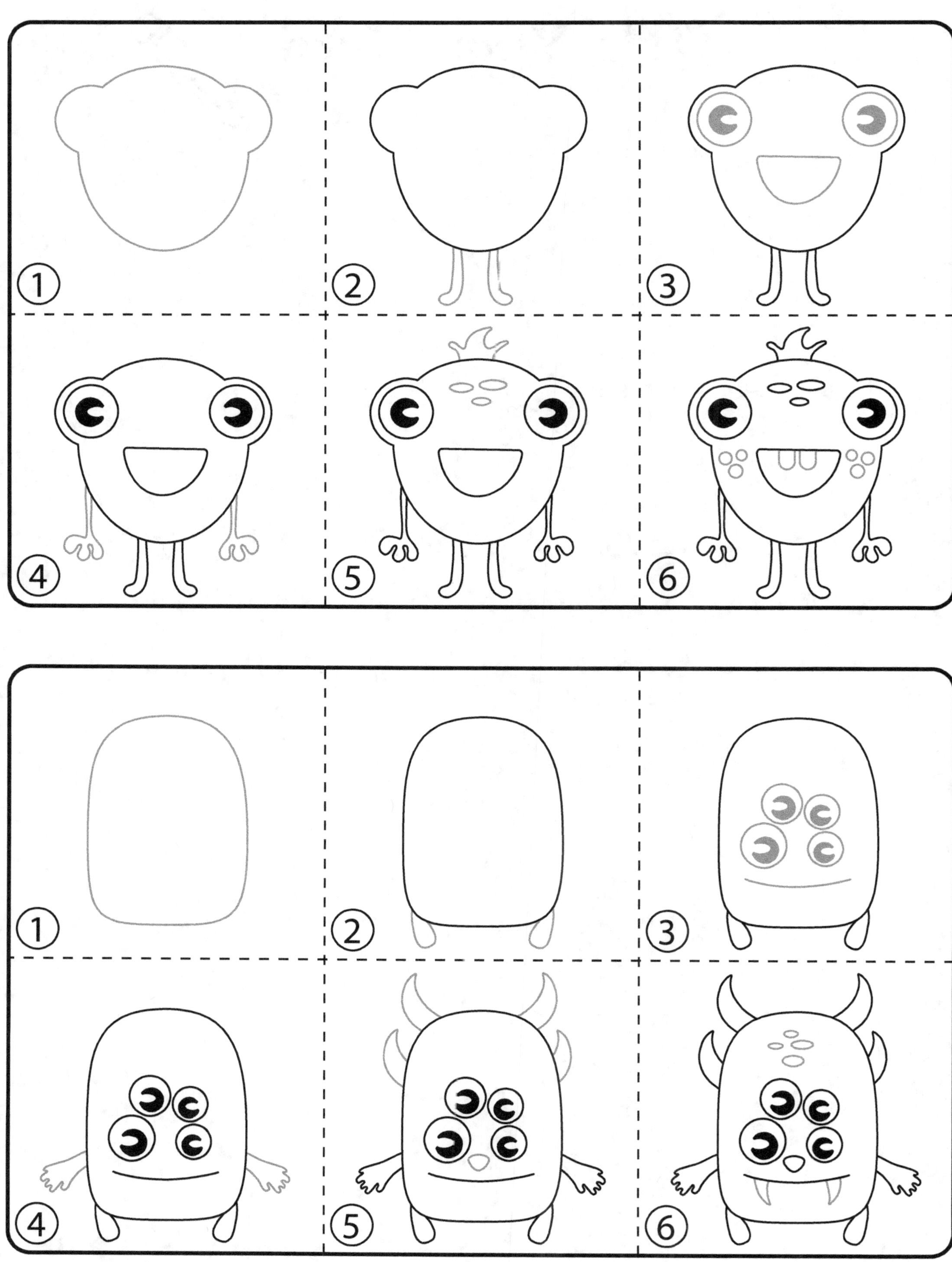

It's Your Turn 

It's Your Turn

It's Your Turn 

It's Your Turn

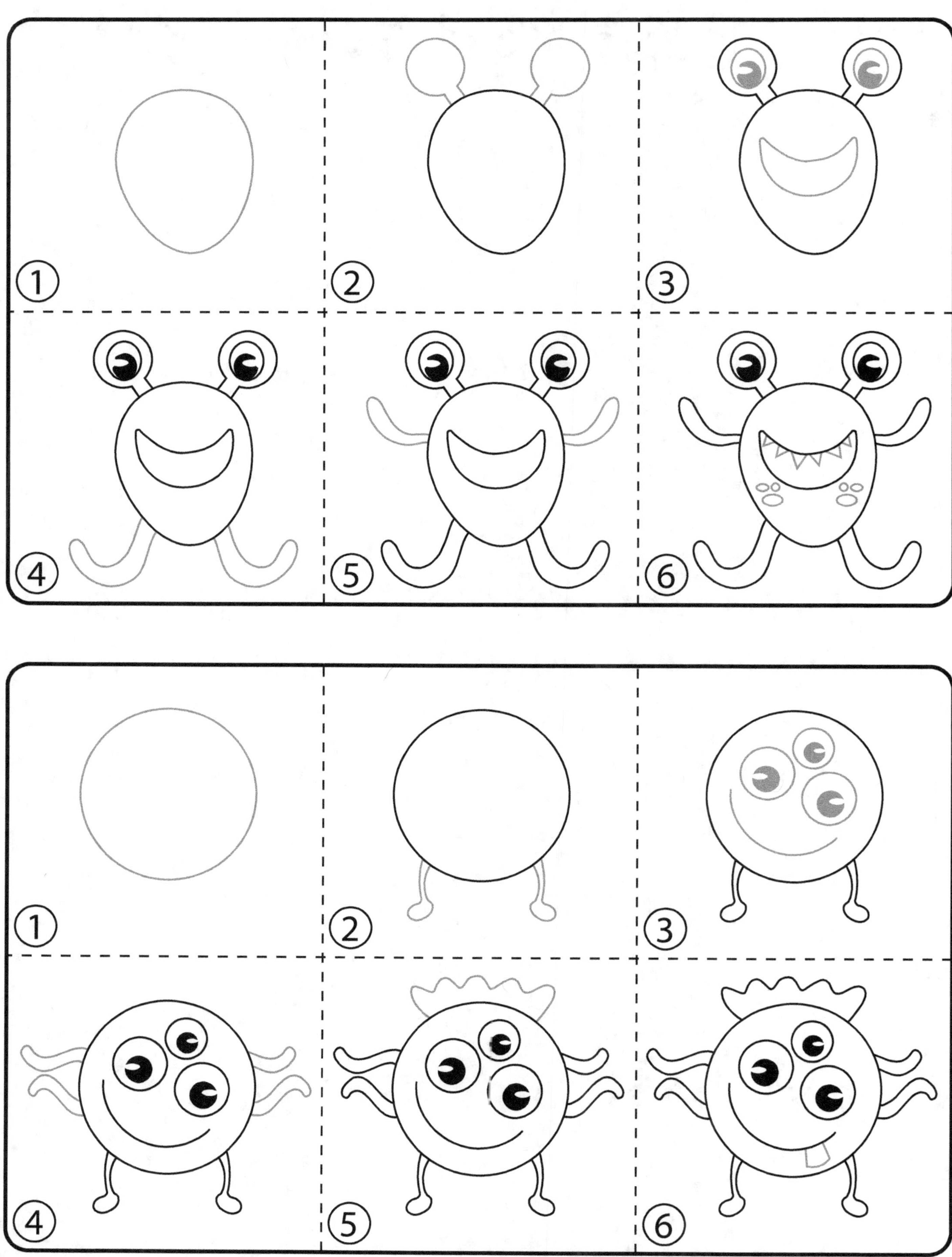

It's Your Turn 

It's Your Turn

It's Your Turn 

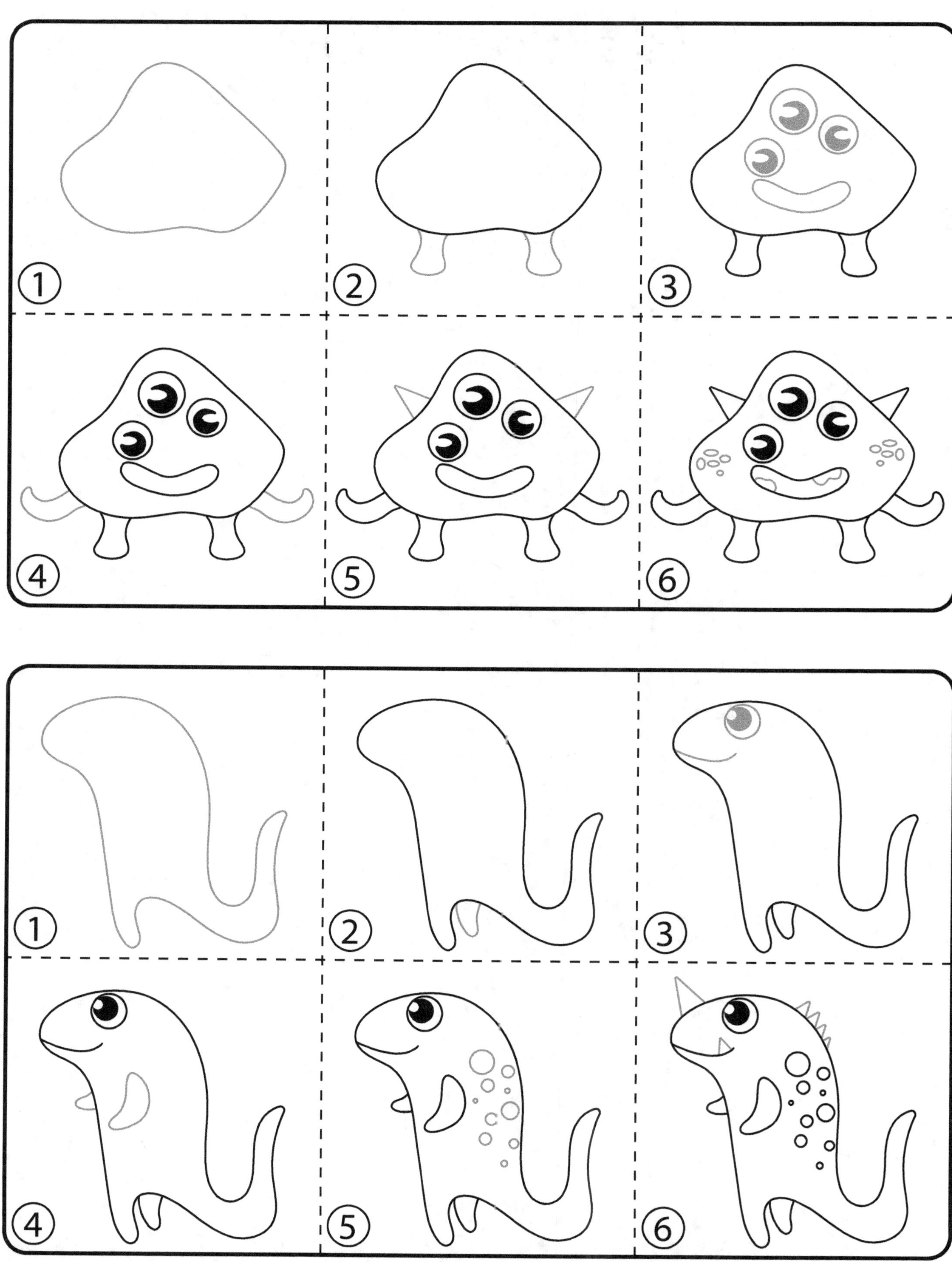

It's Your Turn 

It's Your Turn

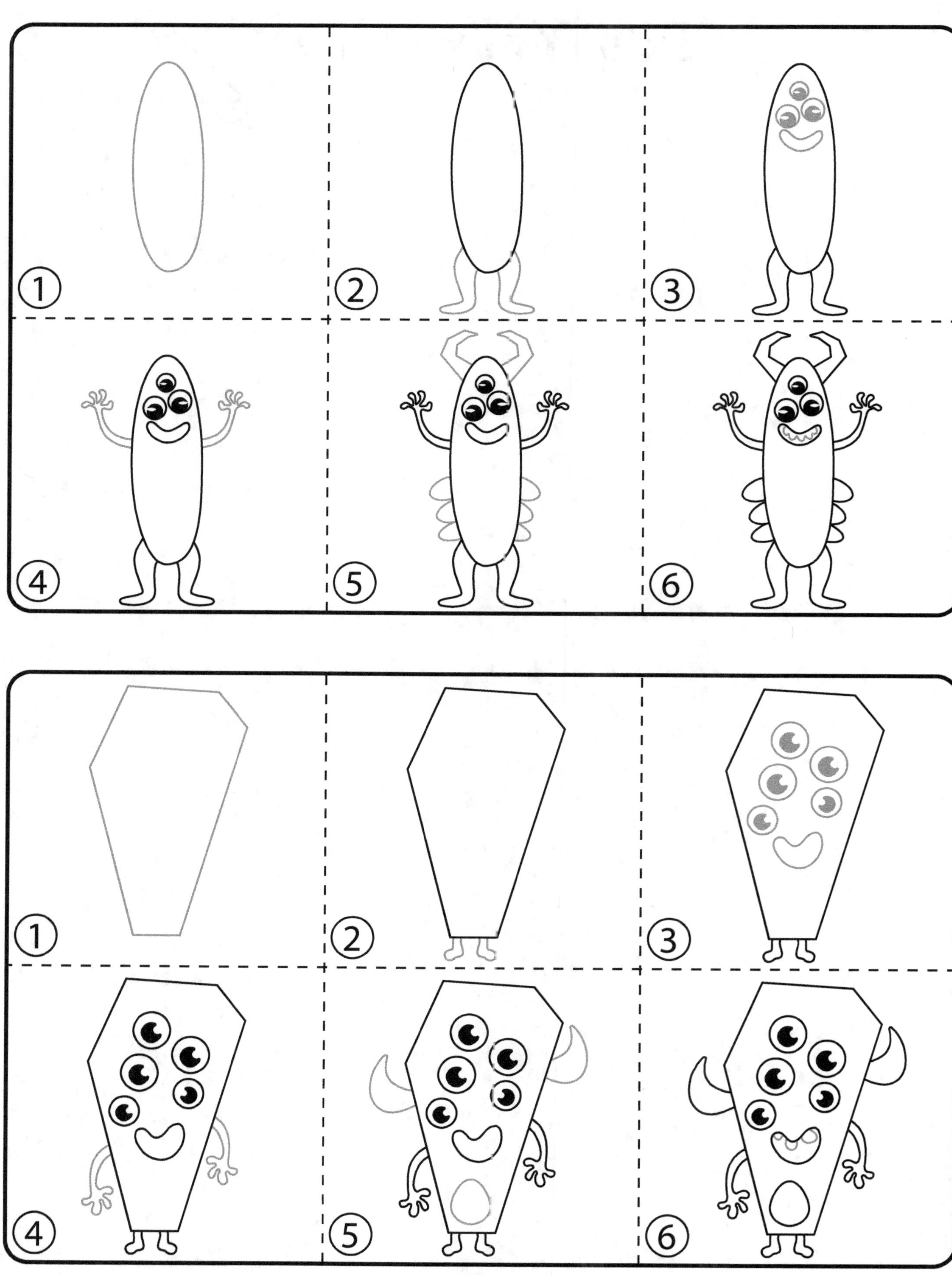

It's Your Turn 

It's Your Turn

It's Your Turn 

It's Your Turn

It's Your Turn 

1
2
3
4
5
6
1
2
3
4
5
6

It's Your Turn 

It's Your Turn

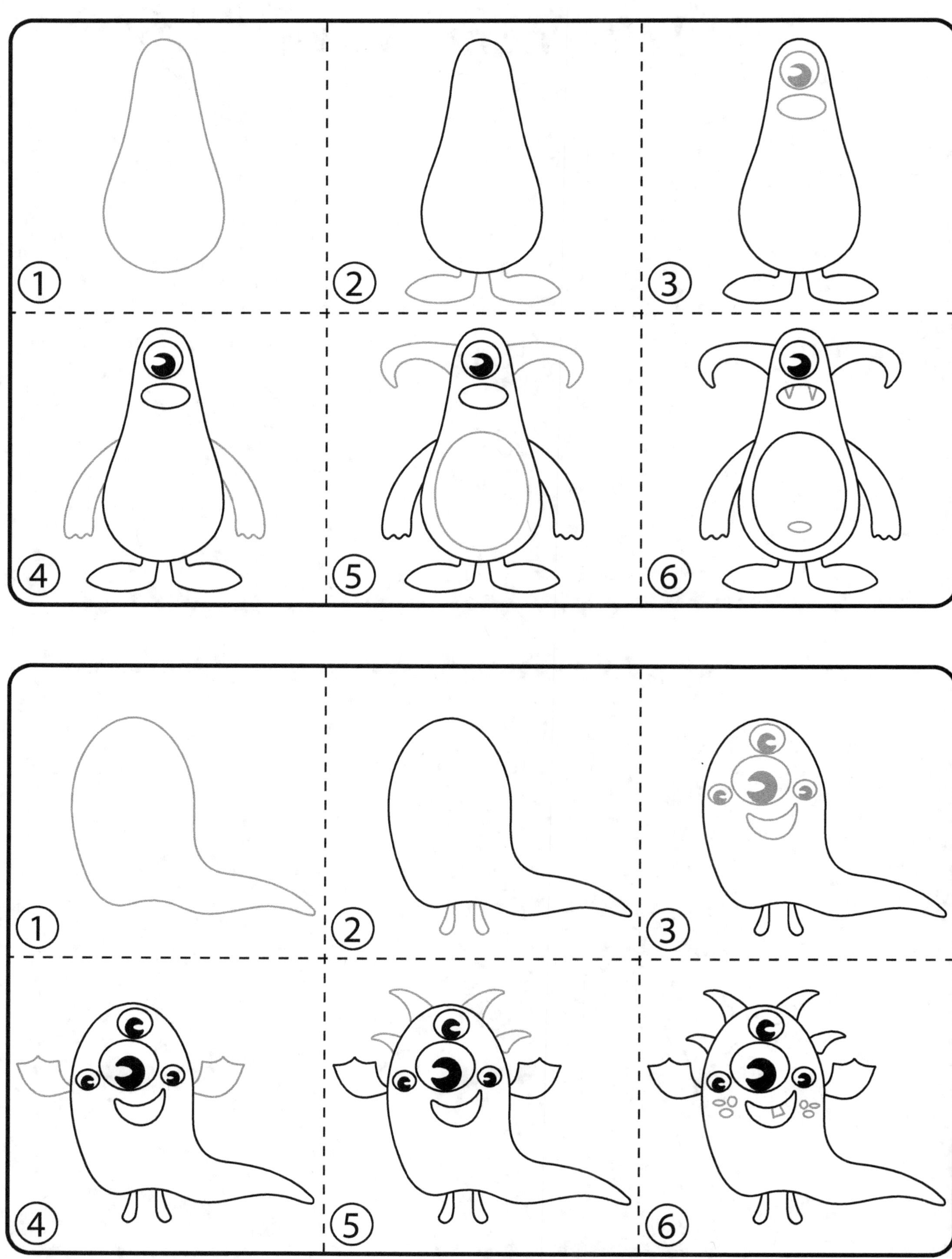

It's Your Turn 

How To Draw Monsters
(Book 1)

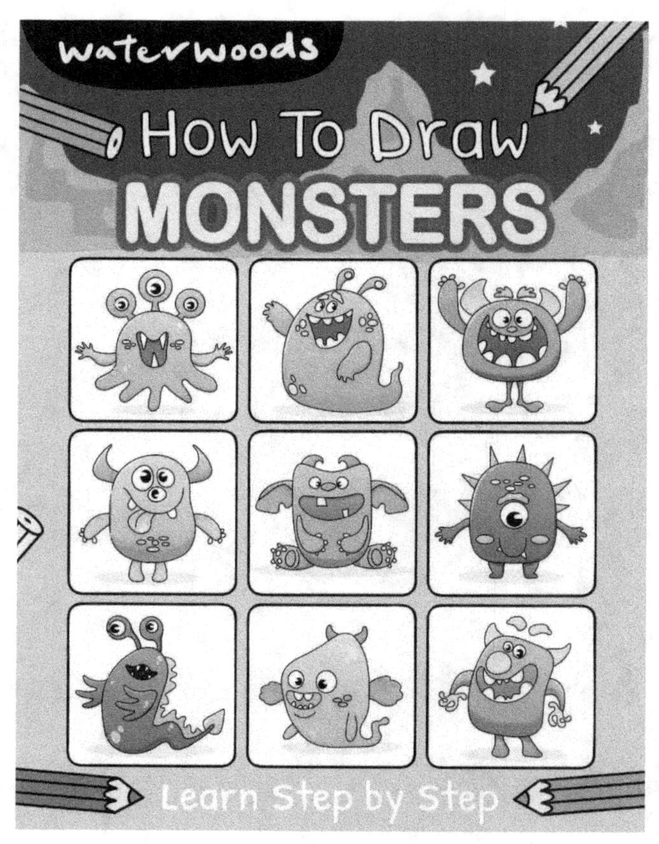

Go get one and give it a try!

Share Your Collections & Tag Us

scroppkr@gmail.com